JN438269

諷詩調詩集 · 42

풍諷계戒집集 · 9

박진환 제60시집

지성 · 감성의 메타언어
조선문학시인선 · 378

諷詩調詩集 · 42

풍諷계戒집集 · 9

조선문학사

■ 책머리에

풍시조(諷詩調)는 언어의 수작이나 언술을 즐기는 pun의 미학이다.

2014년 初夏

박 진 환

박진환 제60시집 / 諷詩調詩集 · 42

풍諷계戒집集 · 9

차례

먼저 아닌지

비정상의 정상화가 정치화두던데, 정상화도 있었던가
秕政이 비정상인데 정치로 정상화 실현한다고?
글쎄, 非情, 有情으로 바꾸는 것이 정치보다 먼저 아닐지

모를까

비정상 정상화 한다는 대통령 정치 의지
글쎄요, 정상화가 의지나 원칙으로 되는 것이 아니어서
비정상중의 비정상화인 불통 소통하면 모를까

정치 정상화 됐으면

교과서 검정 개입 두고 민주, 정상의 비정상화라던데
정치권 기싸움이 비정상중 비정상 아닌가
치정이어도 좋으니 제발 정치밀월로 정치 정상화 됐으면

정상이던가

비정상화가 어디 한둘인가, 거리·전철 안 풍경
귀에 뿔 달고 사는 핸드폰 스마트폰도 비정상
뿔 아닌 칼날 세워 놀이 즐기는 정치는 정상이던가

무쇠통 가슴들이어서

해맞이 수십만 인파 새해맞이 나서던데
맞아 가슴에 해 담아와 어둠 없는 새해 되면 좋겠지만
어쩐다, 담아온 가슴들이 죄다 열려지지 않는 무쇠통 가슴들이어서

안책사거든

요즘 책사가 화두던데, 무슨 책을 사
제갈량 계략, 손자병법 비법 담고 있는 책이지
책사는 그러헌데 안철수 책사는 안책사거든

열외 못 면해서

6 · 4 지방선거 두고 세상이 온통 선거 선거 선거
선거를 민중을 자기 것으로 하기 위한 아첨 요술 사기술이라던데
아첨 · 요술 · 사기사들의 축연에 정작 민초들은 열외 못 면해서

셋 다인 걸

미 핵잠수함 태평양에 집중 배치
시위냐? 견제냐? 선수냐?
따져 뭘해, 셋 다인 걸

천근 무게여서

청와대 민원접수 전정권보다 40%나 증가했다던데
역시 살기가 전만 못하든지, 신통찮은가 봐, 문제는
축소고 증가고 몇 %나 해결 했나인데 의문부가 천근 무게여서

무용지물 됐거든

어찌된 세상인지 판결 났다하면 무죄 아닌 무기
무기면 형기 없는 형량이니 평생 죄인신세
허니 형무소 자물통 여닫을 필요 없어 열쇠 무용지물 됐거든

국궁국궁

세계에서 가장 존경받는 인물 빌게이츠
오바마도, 시진핑도, 아베도, 김정은도 아니니 다행
정치인들 앞에서 조아리는 국궁국궁은 옛말, 지금은 아첨이거든

※ 국궁국궁(鞠躬鞠躬) : 존경의 뜻을 표하며 몸을 굽힘.

뿐이던가

타계한 이스라엘 전 총리 샤론
한쪽에선 영웅대접, 한쪽에선 도살자 취급
대접 · 취급 다른 이가 어디 샤론뿐이던가

무료 좀 사가줘

한국노인 70%가 여가활동 없는 삶

여가를 이용하지 않는 사람에겐 여가란 없다던데

이용 못하는 여가 무료는 무료다만 돈 줄 테니 무료 좀 사가줘

배금 아니던가

빌게이츠 세계에서 가장 존경받는 인물로 선정
돈이 많아선가? 많은 돈 돈답게 쓸 줄 알아선가?
허긴 돈이 곧 신, 신이 곧 돈, 신에 대한 존경이 배금 아니던가

백목이 돼버렸으니

세상의 눈이 온통 정치권에 박힌 채 뽑아내지 못하니
보이는 거라곤 정치밖에 더 있겠나, 헌데
눈 박은 채 지켜보아도 속임수 볼 줄 모르는 백목이 돼버렸으니

발목 잡힐지 모르는데

한국 청년 21%가 첫 직장부터 계약직이라데
첫발부터 계약이니 정규직 발자국은 언제쯤 찍을 수 있을까
찍긴, 그나마 계약 끝나면 백수에 발목 잡혀 못 내디딜지 모르는데

들어있거든

불통 대통령에 불신 정치에, 불만 백성에
이쯤이면 3박자 뽕짝인데 왜 불협화음 못 면해
메이드 인 코리아 전매특허품 불자표에 불협화음도 들어있거든

비꼬던데

대통령 기자회견에 이어 여·야당 대표까지 다투어 기자회견
헌데 기자란 기껏해야 정치에 대해서 엉뚱한 억측을 동원
민심의 방향에 대해 소용없는 추측을 한다고 비꼬던데

재채기

울타리치듯 아카시아로 둘러친 산사

청보다 더 코창 간질이는 향 참지 못해 끝내 연거푸 해대는

늙은 귀 때문만은 아닐 듯, 노스님도 듣지 못한 부처님 재채기

설산

雪峰 · 雪石 · 雪塔 · 雪木으로 서 있는 雪山
선 채로 눈이 되어 눈으로 서 있는 雪山
선 채로 산이 되고 눈만이 산이 될 수 있는 개벽 雪山

힘겹게 넘어야 하니

황과 김은 합치면 황금으로 골드인데
어쩐다, 우여는 곡절 없이 대로행인데
한길은 큰길 두고 고재 힘겹게 넘어야 하니

※ 고재(高哉) : 산길의 높고 험난함.

못 취하니

잦은 대통령 해외나들이, 국익에도 좋고 인기 높아져 좋고
양손에 떡이어서 좋고 꿩과 알 먹어서 좋고, 일석이조여서 더 좋고
좋고 좋고 좋네마는 셋보다 더 좋은 것 곁에 두고도 못 취하니

처먹고

눈 떴다 하면 세상은 금 처먹은놈들 이야기로 하루 열어
처먹은놈 치고 못난놈은 하나도 없는 잘난놈들 세상인데
못난놈은 처먹을게 없어 밤손님, 어둠만 배터지게 처먹고

그게 있을지

대통령, 여·야 대표 기자회견으로 그게 그거, 들을 건 다 들었고
남은 건 안철수 선생 이야긴데 어떨지 궁금
그게 그게 아닌, 그거 하나면 짱인데 그게 있을지

어떻게든 달랠지

햇볕 받으면 비타민 D 생성 건강에 짱인데
햇볕 말만 들어도 알레르기 일으키는 분들 하 많아서
올봄 햇볕과 중국 황사에 불편한 심기 어떻게든 달랠지

날 것 같아서

상조회사 제물 재탕·삼탕으로 속임수 비난 못 면하던데
어느 상조회사 광고 '궁금하면 수익 와서 확인해보세요'라고 자랑
궁금하지도 부럽지도 않거든, 동취보다 더 독한 내 날 것 같아서

뭐하데

한국 시간당 노동생산성 미국의 반도 안 돼
서비스업은 OECD국가 중 꼴찌, 노동시간은 으뜸이던데
생산성 그 모양이니 그걸 경기침체로 돌리기엔 뭐하데

못 고쳐

정부발표 한국공무원 100만 명에 불과, OECD국 중 가장 적다고
헌데 국제기준으론 200만도 넘는다고 엉터리 통계숫자 비아냥
이렇게 꼼수로 얼굴 붉힐 줄 모르면 창조로도 못 고쳐

벌금형 계산

여자 어린이 예뻐 손등에 뽀뽀했다가 벌금 1500만 원형
손등 아닌 이마에 뽀뽀했으면 1억 5천쯤 안 됐을지
그보다는 입술에 뽀뽀했다면 1천억 원쯤이란 형 계산

비리비리해서

체육단체 두고 비리백화점이라고 비난 퍼붓던데
털어보면 먼지 안 난 곳 있을까, 다른 단체도 매한가지
비리비리한 모임도 못 갖는 계층이 되레 비리비리해서

연일 끼어 있는데

연일 걷히지 않는 안개·미세먼지 문제 삼던데
정치권·경제권을 비롯한 각계에 낀 안개·분진은 더 심해
그보다 마음에 낀 연무 아닌 먹구름들은 연일 끼어 있는데

뒤나 안 될지

일 외상 정상회담 불가면 장관회의라도 희망
관계개선하려면 예를 갖춰 청해야 하는데 예를 모르니
예 갖출 때까지 기다리다 정상 바뀐 뒤나 안 될지

편하지

북녘 중대제안 남 평소대로 거부, 북 除하고 남 去하면 홀로가지
당초 동행 불가능한게 설혹 동행한다고 끝까지 가기나 하겠나
어차피 따로따로면 따따로로 단독행이 편하지

모르다니

일 위안부 문제 미 의회 통과하자 일본 침묵
자위권 손들어주자 당당했던 그 콧대 어디가고 침묵
한·일 왼팔 오른팔로 옆에 끼고 양동작전 즐기는 미국을 모르다니

권총 들려 있거든

투표는 탄환보다 강하다 했던가
상대를 죽여야 살아남을 수 있다는, 너 죽고 나 살자 선거
악수로 시린 손목, 그 손에 낀 가죽장갑엔 권총이 들려 있거든

한심한 작태

선거에 생명을 건 정당들의 붉어진 눈에 못 면하는 사시
정치를 술이라던데 술잔치 벌여 취하게 해놓고
문전구사 즐기는 당리당략의 한심한 작태

※ 문전구사(門田求舍) : 나랏일은 외면하고 당리당략에만 관심한다는 뜻.

못 면하거든

6·4 지방선거 한자로 풀면 六·四도 되고 肉死도 되고
정치술수에 혼 빼앗기면 죽는 것은 혼 나간 정신인데
아닌가 봐, 육신도 정신 따라 나자빠진 肉死 못 면하거든

한 표

선거철 앞두고 정당들 동분서주 승리에만 혈안
승리 위해 수단방법 가리지 않는 술술 술수잔치 벌이던데
술잔치에 정신 잃고 나자빠진, 양심 팔아버린 죽은 한 표

살인 못지않아서

투표는 살아있는 양심의 표현인데 표마다 배어있는 술기
이놈의 술이란 게 주정보다 더러운 마취제여서
한번 마취되면 4년을 나자빠져야 하는 살인 못지않아서

냉기류여서

북 중대제안, 남 위장공세라고 일축, 오랜 불신 불씨 때문
북녘핵도 같은 불씨여서 남북 공히 불씨 안고 사는 셈
허긴 한반도 기류가 워낙 추운 냉기류여서

뜻인 것을

박대통령 선거공약 이행하라고 야 맹공 퍼붓던데
안 지킨 게 어디 한두 가지여야 따지고 말고 하지
패자는 말이 없다는 명언, 말해봤자 쓸데없다는 뜻인 것을

핵 터뜨려서

북, 메가톤급 평화공세 터뜨리던데 어째서 불안할까?
터뜨렸다 하면 핵뿐인데 평화라니 엉뚱해서
엉뚱한 게 그뿐이면 좋게, 그러다 수틀리면 핵 터뜨려서

정치도 그래

그리워해본 적이 있는가? 그리운 것이 되어본 적이 있는가?

그리워하건, 그리운 것이 되건

쌍애에 중독되면 둘 다 마약환자 못 면해서, 정치도 그래

고독 못 면했을 게 아닌가

탁한 공기에 곰팡내 못 면하는 지하살이, 이구동성으로 염려
걱정인지 동정인지 애정인지 몰라도 지하살이 면했으면
걱정도, 동정도, 애정도 못 받아 고독 못 면했을 게 아닌가

담 쌓고 사는 세상

세상이 온통 내편, 네편으로 금 긋고 살기다
3・8선, 동서, 혈연・지연・학연으로 금 긋고도 부족해설까?
그어서는 안 될 마음의 금도 그어 담 쌓고 사는 세상

염병할 세상

좋아하지도, 눈요기도, 만져보기도 삼가거라
희고 고운 저 순수 속에 양잿물보다 더 독한 산성 오염 들었거니
설화마저 옛 향수가 되어버린 향수앓이, 염병할 세상

매독에 걸리지나 않았는지

내리고 쌓였다 하면 짓밟기에 염산뿌리기
하늘의 선물 옥분도 애물단지 못 면하는 티끌세상
악과 독 밀월로 백설까지 매독에 걸리지나 않았는지

가시오

세상에 털어서 먼지 아나는 놈 있나? 없지
세상이 온통 먼지구덩이인건 이 때문이 아니던가
염라대왕님, 그것들 잡아가려거든 먼지까지 보쌈해가시오

안중근 의사

중 하얼빈에 안중근 의사 기념관 세워

중과는 다정한 이웃, 일과는 상종 못할 섬것들

살아서도 죽어서도 애국하는, 한번 애국은 영원한 애국이거든

안중근 의사 기념관

일, 안중근 의사는 테러리스트

한, 애국자 중 애국자, 두 답 중 정답은

공식 없이도 정답 제시한 하얼빈역에 세운 안중근 의사 기념관

말해주거든

민주가 안 흡수냐? 안이 민주 흡수냐?
그걸 알면 귀신이지 사람이냐
헌데 귀신 아닌 사람들 여론이 그걸 말해주거든

병신들

눈도 식초눈, 비도 황사혈우, 바람도 매연가스바람
이 지경이면 세상 온통 병들었음이 아니던가
병든 시대에 병든 줄도 모르고 목 꼿꼿이 세우고 사는 병신들

현기증 일어서

가계빚 9년새 배로 늘어 가구당 5836만원
합산 1012조원이라니 이러다간 백두산 높이로도 부족해
이 높이 넘어야 하는데 넘긴커녕 쳐다만 보고도 현기증 일어서

부창부수인가? 악연인가?

내자는 코가 막혀 냄새라곤 못맡는 멍코 주제에 동취엔 도사급

냄새엔 도사급 명코인 내 코는 동취엔 멍코

이쯤되면 명코·멍코 부창부수인가? 악연인가?

핏대

서울대 등록금 0.5% 내린다고? 눈도 내리고 기온도 내리고
인기도 내리고, 내리고 내리고 하강시절인데
어쩌자고 혈압계 눈금만 오르고 오르고 또 오르는 핏대

또 얼굴

텔레비 3대 꼴불견
암보험, 내 수입 와서 확인하세요에 하나 더
얼굴 얼굴 또 얼굴

왜 떨어져나가지 않는 걸까

머리들은 다 희망을 말하고 꼬리들은 다 절망을 말한다
희망과 절망이 맞닿아 있음이고 따로따로가 아닌 不二란 뜻이다
헌데 머리로 잘라낸 절망의 꼬리는 왜 떨어져나가지 않는 걸까

그 아니 행복한 삶인가

드러내고 과시해서 광내기 즐기는 노출의 시대
비리 감추고 사는 놈들 갑갑하고 뒤틀려서 어찌 견디고들 사는지
광낼 것도 감출 것도 없으니 그 아니 행복한 삶인가

심장 찍혀서

미 국무부부대변인 독도를 일본해 표기 사용 공식화 하면서
영토 문제는 두 나라가 알아서 할 일이라고 일본해 확인해준 셈
허긴 혈맹국에도 급수가 있어서, 믿는 도끼에 심장 찍힌 셈

남산 될 수도 있어서

박대통령 해외나들이 매스컴마다 성과물로 도배하던데
높은 인기그래프 이번엔 백두산 되겠네
헌데 백두산이 6월 이후 남산 될 수도 있어서

등기신세 못 면하지

여 · 야 잰걸음에 추월하기에 샛길행 속보, 빠쁘다 바빠
허긴, 발등에 떨어진 불 보고도 양반흉내 팔자걸음이면 등상이지
등상주제에 구화투신이면 등열에도 못 끼는 등기신세 못 면하지

※ 구화투신(救火投薪) : 불을 끄려고 급한 김에 장작을 던진다 함이니 서두르다 일을 그르친다는 뜻.

※ 등기(等棄) : 대단찮게 여겨져 버림.

손대고도 못 막는 코피

부실 공기업 척결 비결 제1조 낙하산 인사금지
낙하산 대신 층계 밟기가 묘안 제1조인데
내려오긴 손 안대고 코풀기, 층계 오르긴 손대고도 못 막는 코피

귀 아닌 뿔을 달아서

일 아베총리 박대통령 연설장 맨 앞줄에 앉아 경청
경청하면 뭘하나, 정작 들어야할 말 못 들으면 장식품인 귀
장식품 면하려면 마음에도 귀 달아야 하는데 귀 아닌 뿔을 달아서

읽기에 따라 달라서

대통령 바람 피워도 탓할 줄 모르는 나라 프랑스
검찰총장 외도 질타 목 잘라버리는 코리아
도덕이냐? 개인주의냐? sex의 잣대, 눈금 읽기에 따라 달라서

아니어서

일 아베총리, 중·일 우발 전쟁 발언, 세계가 충격으로 받아들여

망발인가? 망언인가? 아니면 망신살인가?

망자돌림 망·망·망, 다행이네 멍멍멍 아니어서

불자표여서

불통 · 불통 · 불통이란 말도 뜻도 바뀌었어
불신 · 불신 · 불신, 믿을 수 없는 정부 · 정당 · 정치 불신
불통이건 불신이건 코리아 전매특허품이 불자표여서

그와 같거니

홍제천에 길 잃었나? 짝을 잃었나? 재두루미와 원앙 한 마리 오리는 쌍쌍인데 두루미와 원앙은 짝 잃은 외짝 신세, 외짝이 어찌 두루미 · 원앙뿐이겠나, 길 잃고 짝 잃은 인간도 그와 같거니

기상통본기여

비・바람・눈, 덥고 춥고 그딴 건 상투・상식
미세먼지 농도 수치 알려야 상식 아닌 신식
미세먼지 유무 가려야 신식 창조기상통본기여

말로만은 안 된다는 사실

박대통령 해외나들이 성과 창조경제 틀 마련이던데
글쎄, 창조경제가 무엇이고 틀은 또 무엇이고, 마련은 또 무엇인가?
의문 풀지 못하지만 하나는 알고 있지, 말로만은 안 된다는 사실

돼서

현오석 부총리 뭘 잘못 말해 사과까지 했는지 모르지만
말조심 좀 하시지, 번번이 내민 사관 도토리만도 못해
허긴 말이란 게 배도 되고 사과도 되고 땡감도 돼서

이를 어쪄

일 아베 전쟁발언에 중 맹비난
중만이 아닌 세계가 비난 일성
비난 되레 구실삼아 전쟁 망령 난비하면 이를 어쪄

없을 것 같네

가볍게 넘긴 내 감기완 달리, 내자는 지독한 독감앓이다
부창부수 그 아니 고마운가마는 따를게 따로 있지
감기를 가져가다니, 치병 위해선 이혼밖에 다른 약이 없을 것 같네

빨래장인이다

아내는 빨래도사다, 빡빡 비누칠을 해 때, 얼룩은 물론
가난도 불행도, 내 심술, 세상의 꼴불견도 씻고 헹궈내는 빨래도사다
실은 세탁기가 없어 취득한 도사보다 한급 높은 빨래장인이다

두 의문부

공자왈 가까운 이 즐기고 먼데 있는 이 찾아옴이 선정이라 했던데
가까운 이 멀리하고 먼데 있는 이 아예 발걸음 끊으니
글쎄, 문학을 잘못한 것일까, 문학정치를 잘못한 것일까?

고민

설 연휴 어떻게 즐길까 행복한 고민
설 연휴 어떻게 탈 없이 넘길까 불행한 고민
행복도 불행도 고민, 그게 바로 민고인 것을

※ 민고(民苦) : 일종의 조어로서 민중들의 고민이란 뜻.

앓겄네

미, 일을 동북아 문제아라 하던데, 김정은은?
하나도 골칫거린데 둘이면 어쩐다
약도 없는 두통 골머리깨나 앓겄네

못 돌려서

이틀새 사과 3번 한 현오석 부총리

죽을 맞이겠네

살자고 하는 일이 죽을 맛이면 사과로도 쓴 입맛 못 돌려서

한국교육

미 오바마, 한국교육 입에 침이 마르도록 칭찬이던데
향학열일까? 학구열일까? 공부를 잘해서일까?
글쎄, 눈 씻고 봐도 칭찬감 아닌 허점투성인데

눈금 달리해서

미, 한·중과 공조, 일에 압박 전략

중 견제 위해선 한·일을, 일 견제 위해선 한·중을

미국의 잣대는 국제규격이 아닌 자국익에 따라 눈금 달리해서

파괴력이 커서

일 야스쿠니신사 알고 보니 메가톤급 핵
참배만 하고도 전의 불태우는, 폭발 않고도 불지르는 핵
허긴 활용하기 따라선 북핵보다 파괴력이 커서

핵보유국 일본

일 극우가 핵의 심지, 가슴마다 핵 지니고 사는 셈
그뿐인가 야스쿠니신사는 메가톤급 거대한 핵
핵보유국 명단엔 없는 핵보유국 일본

효력이 커서

미, 키리졸브 군사훈련 북·중에 사전통보
북 핵실험 땐 미·중에 사전통보
그럴 땐 통보란 게, 면책특권처럼 효력이 커서

파렴치한 입

일 NHK 모미이 신임회장, 위안부는 어느 나라에도 있었다고?
공영방송 총수가 그것도 뉴스라고 앵커 흉내하다니
양심도, 도덕도, 죄의식도 없는 파렴치한 입

문제아거든

일, 이래 말썽, 저래 말썽, 말썽꾸러기 못 면해
미, 동북아 문제아라더니 이유 있었네
말썽부리면 그게 애물단지 문제아거든

AI 도장 찍지

AI, 가금류는 물론 철새떼까지 씨를 말릴 모양
무슨죄를 지었기에 천형일까, 하늘 날아다니며 하나님 욕이라도 했나?
땅에 죄짓고 사는 놈들 양심에나 AI 도장 찍지

싶어서

선정 베풀면 먼데 사람 찾아온다던데, 철새도 물 맑아야 찾아와
헌데 찾아오는 이 없고, 찾아온 철새도 떼죽음이니
사람이나 철새나 다름 아닌 정치 탓인가 싶어서

근황

SEX 개방국 프랑스도 SEX 스캔들은 예외 아닌듯
불 올랑드대통령 여론에 밀려 동거녀와 헤어졌다데
차제에 궁금한 건 청와대 윤 전대변인 근황

사실

북 장성택 일가친척 죄다 처형했다던데 사실이라면
세습왕도 잔인성 보여줘 충격인데, 진짜 충격은
처형 아닌 여직도 세습왕도가 처형되지 않고 건재하다는 사실

맞고 거듭나야

안철수 신당두고 정치권 태풍이냐? 미풍이냐? 풍향계 읽던데
선거열풍에 혹여 겁풍으로 불어닥치면 천지개벽 안 일으킬지?
허긴, 어차피 맞을 바람이면 맞고 거듭나야

※ 겁풍(劫風) : 불교에서 말하는 세계가 파멸될 때 일어난다는 큰 바람.

난비 접었는가?

일 국민 54% 집단 자위권행사 반대로 국민 과반수 넘어

미 훈수도 별무 약발인가, 처방전이 잘못됐는가?

아니면 야스쿠니신사 망령들도 비난여론 귀동냥, 난비 접었는가?

겁풍도 되거든

겨울도 가기 전에 6월 태풍·미풍 풍향계 읽던데
安風이란게 순한 뜻풀이완 달리 바람의 속성을 가졌거든
기류에 따라 역풍도 광풍도 되고 세상 개벽시키는 겁풍도 되거든

안풍이어서

安風, 초메가톤급 태풍의 눈 되느냐? 뜻풀이대로 미풍이 되느냐?
바람도 바람 나름, 더구나 선거바람이란 게
강 넘어 불어오는 게 아니라 마음 안에서 불씨 키우는 안풍이어서

철수할 것인지

당명은 새누리당인데 헌누리당 옷 못 벗고
당명은 민주당인데 민주 밥그릇도 제대로 못 챙기는데
새정치신당은 안철수 이름값 할 것인지? 간판 내려 철수할 것인지

어머니

사랑 · 추억 · 행복 · 고향 · 그리움

그 어떤 말로도 채워지지 않는 마음 가득 채워주는 말

어 머 니

영원히 남거든

어느 나라에도 전쟁중 위안부는 있었다고? 있었지
있었으니까 문제될 게 없다고? 없지
헌데, 있고 없고가 아닌 인류역사에 기록된 죄악은 영원히 남거든

자부월족

아베노믹스 성공에 미 자위권 훈수에 양코보다 더 높아진 아베 콧대
높아지면 낮추는 법도, 숙이는 법도 배워야 하는데
등태산이소천하라니, 저러다 자부월족이나 안할지

※ 자부월족(自斧刖足) : 제 도끼에 제 발등 찍힌다 함이니 조심하지 않다간 큰코다친다는 뜻.

동전의 양면 같은 것을

팔만대장경에 교만은 권력으로 나타난다던데, 일 아베 봐
동북아 문제아가 그꼴, 문제아란 애물단지 · 망나니란 뜻이거든
어찌 아베뿐이겠는가, 권력과 교만은 동전의 양면 같은 것을

이러하다

마음에 어머니 지니고 살면 양심주머니 떨어뜨리지 않는다
항시 어머니가 채워주시는 주머니가 곧 어머니인 때문
마음의 고향을 잃고 사는 시대, 어머니가 고향인 소의가 이러하다

근성이 있거든

민주·신당 합치면 지지율 43%로 새누리당 34%에 앞선다데
앞서면 뭘하나, 뒤섬만도 못한 그림의 떡인걸, 특히 정당이란게 그래
합치기보다 나눠지길 더 좋아하는 근성이 있거든

세상이어서

노벨평화상 후보로 미 스노든 도청폭로 망명자 추천했던데
도청 최고 책임자인 오바마 수상에 스노든은 후보, 앞뒤가 안 맞아
허긴 상이란 게 무상무벌 아닌 유상유벌이 되어버린 세상이어서

※ 무상무벌(無賞無罰) : 벌 받을 것이 없으면 상 받을 것도 없다는 말.

※ 유상유벌(有賞有罰) : 벌 받을 것이 있어야 상 받을 것도 있다는 일종의 조어.

박진환 시인은 전남 해남 출신으로 동국대 국문학과를 거쳐 중앙대 대학원을 졸업(문학박사)했다. 1960년 동아일보 신춘문예(詩)·1963년 自由文學(문학평론)으로 문단에 데뷔했고, 국제PEN한국본부 사무국장 및 이사, 한국문협 고문을 역임했다. 제9회 시문학상, 제3회 비평문학상, 펜문학상, 윤동주문학상 등을 수상했고, 한서대학교 교수 및 예술대학원장을 역임했으며 현재 월간『조선문학』발행인 겸 주간으로 있다. 중요 저서로는 시집에『귀로』,『사랑법』,『꽃시집』,『三行詩抄』Ⅰ~Ⅺ『諷詩調』,『박진환시전집』Ⅰ·Ⅱ·Ⅲ·Ⅳ·Ⅴ·Ⅵ·Ⅶ,『物神時代』Ⅰ·Ⅱ·Ⅲ·Ⅳ·Ⅴ,『동굴일지』Ⅰ·Ⅱ·Ⅲ·Ⅳ·Ⅴ,『2012년 8월』에서『2013년 7월』까지,『풍계집·1』에서『풍계집·25』까지 76권의 시집이 있고 평론집으로『한국현대시인론』,『현대시론』,『21C시학과 시법』등 다수와『한국시의 공간구조연구』,『21C 시학』,『시창작론』,『諷詩調詩學』외 다수의 역저가 있다.

조선문학시인선 378

諷詩調詩集·42

풍諷계戒집集·9

2014년 8월 20일 인쇄
2014년 8월 30일 발행

지은이 / 박진환
발행인 / 박진환
펴낸곳 / 조선문학사
등록번호 / 1-2733
주소 / 120-853 서울 서대문구 통일로 389(홍제동)
전화 / 02-730-2255
팩스 / 02-723-9373

ISBN 978-89-98115-68-5

정가 10,000원